AF267025

PROFESSION DE FOI

D'UN

COMMUNISTE

—

PREMIÈRE PARTIE :
De la Forme actuelle de la Société.

—

PAR

JEAN MACE.

PRIX : 30 CENT.

———

PARIS,

IMPRIMERIE DE A. LACOUR,

RUE SAINT-HYACINTHE-SAINT-MICHEL, 33.

1848.

SE TROUVE CHEZ GARNIER FRÉRES,

PALAIS-NATIONAL, 215.

Pour paraître incessamment :

2e partie. — D'UNE FORME DE SOCIÉTÉ MEILLEURE.

3e partie. — DE LA TRANSITION.

A MES AMIS.

Vous avez été pour moi les initiateurs. C'est au contact de vos croyances que j'ai senti enfin, que j'ai vu et que j'ai cru. Il est de pure justice que je vous fasse hommage des idées que je vous dois. *A chacun son bien*, dirait ici la société qui s'en va; mais sur ce terrain fraternel de l'idée *le tien* et *le mien* ne sauraient prendre ainsi racine. Cette communion des intelligences, par qui s'est fait le progrès de l'humanité, n'est-elle pas un bel exemple à donner à ceux qui ont tant de peine à comprendre la communion des intérêts? L'honneur d'une vérité à celui qui la dit, le profit à tous!

Le Communisme! J'ai choisi surtout ce mot,
parce que c'est lui le grand épouvantail, le mot
qui fait rêver noir et rouge, le mot avec lequel on
s'efforce d'ameuter le peuple en le lui montrant tra-
vesti. J'aurais pu en prendre un autre, celui de
socialisme, par exemple, qui fait moins peur, et
qui a pour moi la même valeur, en dernière ana-
lyse. Cela m'était d'autant plus facile que mon nom
est nouveau et ma personne dans la phalange des
réformateurs, qu'aucune escouade du groupe n'y a
mis sa marque, et que je ne tiens mission de personne
pour prendre la parole. J'ai lu un peu, écouté beaucoup, prenant et laissant ; j'ai étudié à l'écart dans
le silence de ma conscience, me modifiant à
mesure ; et si mes convictions me viennent du
dehors, elles ont payé le droit d'entrée. Je n'ai
jamais su ce que signifiait cette phrase d'esclave :
Le maitre l'a dit. Je descends donc dans l'arène,
libre de choisir mon rang, et, combattant volon-
taire, je cours au plus menacé. Je ramasse le mot
qu'on traîne ici dans la boue.

Or, de toutes les formules, plus ou moins bien
acceptées, qui représentent en ce moment l'idée
nouvelle, la formule communiste a bien, à vrai
dire, le périlleux honneur d'être la plus logique
et la plus nette, mais elle ne contient rien de plus
au fond que les autres.

La concurrence et l'anarchie détrônés par l'association, et la vraie liberté, la lutte par l'accord, la haine par l'amour, l'action commune, action prévoyante, régulière, bienveillante pour tous, délivrant le monde des folies, des caprices, des cruautés de ces myriades d'actions individuelles qui s'entravent et se détruisent à l'envi, c'est-là le mot d'ordre universel dans la science sociale : c'est le sien aussi. Que la chose puisse se faire ou non, il ne s'agit que de cela ; et je m'étonne de voir ici le bon sens public s'embourber dans une ornière abandonnée, où il reste aux prises avec un fantôme. La question pourtant devient assez sérieuse, il me semble, pour qu'on lui fasse l'honneur de la prendre au sérieux. Il n'est pas loyal de s'en tenir pour la juger aux impossibilités brutales qu'auront pu imaginer, en un jour de désespoir, quelques hommes sans lumières, emportés par le mauvais conseil du besoin. Promener le spectre du partage, ce dernier terme de l'isolement individuel, promener ce spectre qui fait fuir les gens, au-dessus d'une doctrine qui prêche précisément la fusion de tous les intérêts, parler d'une division à l'infini à qui veut tout réunir, c'est aussi trop abuser du droit de se moquer du monde.

Ceci est pour les ignorants. J'appelle ignorants tous ceux qui parlent d'une doctrine sans la connaître autrement que par ouï-dire.

Le Communisme a d'autres adversaires mieux informés qui connaissent ses principes, et les contestent; qui savent où il va, et refusent de le suivre. Ceux-là y voient l'anéantissement de la liberté humaine, l'engourdissement de toute activité, la mort de tout progrès, et pour dernier résultat la misère commune. Y voyant cela, ils ont raison de le combattre, et, eux aussi, j'en suis certain, croient travailler pour l'humanité, en le repoussant de toutes leurs forces.

Nous y voyons, nous autres, tout le contraire. Or, comme les lois de l'esprit humain sont les mêmes partout, et qu'une vérité s'impose fatale

ment à toute intelligence quand elle est bien cons-
tatée, il faut absolument qu'il y ait ici un malentendu, quelque chose qui ait été mal dit,
ou mal compris. A force d'explications, on
finira peut-être par s'entendre, et si les conver-
sions traînent en longueur, je ne voudrais pas voir
les convertisseurs s'en indigner outre mesure. On
n'abandonne pas ainsi en un jour les idées dont on
a vécu toute sa vie, et ce sacrifice, toujours péni-
ble, les plus intelligents sont parfois les derniers
à s'y décider, précisément parce que les idées sont
entrées plus avant chez eux. C'est-là ce qui donne
si beau jeu à la vérité sur les esprits peu meublés
qui n'ont rien presque à faire déménager, quand
elle frappe à leur porte.

Après cela, la discussion toute seule, entre
nous, pourrait bien n'y pas suffire de longtemps.
C'est un travail par trop souvent ingrat, où l'on
ramène indéfiniment les mêmes arguments toujours renvoyés, chacun ne pensant qu'à répondre,
sans écouter. On pourrait la comparer à ces com-
bats d'enfants, où les morts trichent en riant, et
remontent vaillamment à l'assaut, sans vouloir
jamais avoir été tués. Mais que la discussion y suf-
fise ou non, il y a là derrière nous un auxiliaire
tout puissant qui tranchera le nœud, si nous ne
parvenons pas à le délier. Les faits vont venir qui
nous donneront raison. Et la prédiction est modeste:
ils sont venus.

31 mars 1848.

I.

Des gens se présentent qui se disent les précurseurs d'une forme de société nouvelle. Accueillis avec transport par les uns, honnis et vilipendés par les autres, ils ont tort ou ils ont raison : les bravos ni les sifflets ne changeront rien à la question. Comme ce prédicateur allemand que feu le roi de Prusse honorait de ses persécutions, ils peuvent dire avec sang-froid : « Si nous ne venons pas de Dieu, nous ne pourrons rien contre vous ; si nous venons de Dieu, vous ne pourrez rien contre nous. »

Or, ceci est la *bonne nouvelle* des temps modernes, c'est la religion future qui consolera le monde de toutes celles qu'il a perdues, l'amour de l'homme, au nom de Dieu, l'amour raisonné, actif, respectueux, sans mystères symboliques, sans applications facultatives, basé sur le droit humain, l'amour des frères qui se donnent la main et ne se font pas l'aumône. Qui que vous soyez, qui, nous combattant, vous proclamez les partisans de la liberté, de l'égalité, de la fraternité, votre opposition n'a rien qui doive nous effrayer ; vous aurez beau dire et faire, vous êtes avec nous. C'est vous qui venez d'écrire sur le drapeau national la trilogie républicaine que nous comprenons mal, à votre sens. Merci, frères, le plus fort est fait, et fait par vous ! Seulement, tenez-le haut et ferme ce drapeau sacré de la fraternité, qui est le vôtre et le nôtre, et si vous ne voyez pas bien encore la profondeur de la brèche sur laquelle vous l'avez planté, patience, la lumière y descendra. Mais sachez bien qu'un principe que l'on proclame devient un terrible ennemi si l'on n'est pas d'accord avec lui, et que les mots affichés sur les murs des villes renversent les sociétés qui ne les comprennent pas.

Liberté, égalité, fraternité, telle est la devise que vient d'accepter la société. — La société est-elle d'accord avec sa devise?

Quelques esprits fâcheux, qui s'entêtent à regarder au fond des choses, soutiennent à n'en point démordre que l'homme sans argent n'est pas libre en réalité, forcé qu'il est d'aller troquant sa liberté pour un morceau de pain, et ne trouvant pas toujours à conclure le marché. Ces mêmes brouillons jurent leurs grands dieux que l'ouvrier qui travaille pour un maître n'est pas l'égal du maître qui fait travailler l'ouvrier pour lui; ils vont même jusqu'à prétendre, et c'est mal, n'est-ce pas? que l'oisif, dégoûté du superflu, n'est pas le frère du travailleur à qui manque le nécessaire. S'ils se trompent, pardonnez-leur, ils y mettent de la bonne foi et tâchez de leur faire comprendre ce qu'il faut entendre alors par la liberté; voyez à leur expliquer ce que c'est donc que l'égalité; voyez à leur dire enfin quel son doit rendre au cœur le mot de fraternité.

Ou plutôt, croyez moi, n'essayez pas. Dans l'intérêt de vos convictions d'aujourd'hui, ne les laissez pas, si vous tenez à les garder encore quelque temps, ne les laissez pas en tête-à-tête avec ces mots magiques qui ne pardonnent pas aux faux-fuyants. Votre cœur est fait comme le nôtre; elles y fondraient comme la cire devant le feu. La discussion vous vaut mieux ici que la méditation : la parole, qui fait du bruit, étourdit l'âme; la grêle des arguments renfonce en terre les germes qui montent. L'injure arrive, et vous êtes sauvés : il s'agit de vous et de votre fierté; il ne s'agit plus de la vérité. Mais n'engagez pas votre pensée solitaire sous le laminoir implacable de la justice, elle y passerait tout entière. Ce qui est juste ne se coupe pas en deux : tout ou rien.

Donc touchez-là, apôtres de la liberté, de l'égalité, de la fraternité. Quelles que soient vos résistances, et vos indignations au besoin, je ne saurais trouver en moi de colère contre vous ; vous m'accordez le principe, je ne suis plus inquiet des conséquences. Que ce soit de votre fait ou non, vous y viendrez : la pente est trop forte ; il faudra bien y rouler. Ce cri d'émancipation poussé par vous, les hommes de la république, tous l'ont entendu maintenant ; les cœurs avides ont bu la rosée ; l'enfant a été conçu, vos mains paternelles ne l'étoufferont pas. Elles n'oseraient, ni ne voudraient. Pionniers de l'humanité, qui n'avez pas le secret du flot qui vous pousse, au nom du ciel, regardez donc autour de vous. Vous tenez entre vos mains la loi de justice et d'amour, la loi des égaux et des frères, comment pouvez-vous penser qu'elle laissera subsister devant elle la loi de haine et de lutte, la loi du riche et du pauvre, la loi d'égoïsme que nous a léguée le passé. Vous avez porté la hache à la base du vieil édifice, et vous appuyez vos épaules contre ses murs qui croulent. Faut-il rire ou se fâcher ?

Mais assez d'allocution. Venons aux faits, et examinons ensemble, s'il vous plaît, sans nous irriter, sans charger le tableau, quelle est cette société à laquelle on se cramponne, quelles sont ses bases, quel est son mot d'ordre, quelles sont maintenant ses chances de vie, et si je parviens à démontrer, comme je l'espère, qu'elle porte en elle les éléments d'une destruction certaine, l'on voudra bien m'accorder qu'il va falloir passer à un autre exercice, pour parler la langue des saltimbanques que je remplacerais mal ici par celle de l'académie.

Le mot d'ordre de la société actuelle (je ne parle pas de la société civile qui vient de terminer son évolution), ce mot d'ordre vous le connaissez : *chacun pour soi, chacun chez soi.* On l'a conspué dans le sens politique ; on le conserve dans le sens social. C'est l'isolement de tous les intérêts, c'est le droit accordé à chacun de faire à son bon plaisir, à ses risques et périls, sans contrôle, mais sans appui; c'est la nécessité par contre d'avoir en nous chacun nos moyens d'action, ou de les trouver par nous-mêmes; celui qui n'en a pas, composant comme il peut avec celui qui en a. Le moyen d'action, hélas! c'est l'argent, la grande et honteuse réalité de la vie; le dispensateur insolent de toute chose créée par l'homme et la nature, deux forces qui ne lui appartiennent pas; le dominateur universel devant qui tout front se courbe; le dernier suzerain du monde à cette heure; votre dernier rival parmi nous, mon Dieu, qui n'avez jamais rien vendu.

Donc sous la loi du seigneur et maître argent, droit au fabricant de produire ce qu'il veut, où il veut, quand il veut, par les agents qu'il veut; droit au commerçant d'acheter et de vendre à sa fantaisie; droit au capitaliste d'ouvrir ou de fermer sa caisse à son heure, à sa guise, aux conditions qui lui plaisent; droit au propriétaire, quel qu'il soit, de disposer de sa chose comme il l'entend. Cela d'un côté, et de l'autre, nécessité au travailleur d'aller de porte en porte chercher le travail qui doit le faire vivre lui et les siens, et de prendre ce qu'il trouve, quand il trouve; double nécessité, et au producteur de vendre au prix qu'on lui offre, et au consommateur d'acheter au prix qu'on lui demande; nécessité au besogneux de passer sous les fourches caudines du marchand d'argent; nécessité en un mot à celui qui ne possède pas de se soumettre, quel que soit l'objet envié, aux volontés de celui qui possède.

Et maintenant, car tout s'équilibre pour la plus grande gloire de l'hostilité universelle dans ce merveilleux système, retournez la question, si cela vous plaît. Que le travailleur en révolte enfle ses prétentions, que le consommateur récalcitrant tourne le dos au détenteur des produits et fasse son prix lui-même, que l'emprunteur et le locataire deviennent capricieux eux aussi, et s'avisent de dicter les conditions du marché, voici venir de nouveaux maîtres qui domineront à leur tour, au même titre et avec la même tyrannie ; car le fabricant ne peut rien non plus sans le travailleur ; car le consommateur est indispensable au marchand ; car le capital périt le jour où il ne trouve pas d'emploi ; car la propriété qui ne produit rien n'est plus qu'un incommode fardeau. Et l'opprimé, cette fois, n'a pas le droit de se plaindre, car c'est sa loi qui l'opprime, sa loi du *chacun pour soi*; c'est la lutte commencée qui continue, seulement les combattants se déplacent : celui qui était dessous, passe dessus.

Le droit et la nécessité existant au même degré pour tous, puisqu'ils ont tous également besoin des uns des autres, qui décidera entre tous? La force, la force brutale, aveugle et sans entrailles, la force du besoin; le vaincu, ce sera celui qui aura le plus besoin. Les économistes ont appelé cela le débat entre l'offre et la demande, la libre concurrence, la liberté enfin, mot profané dans leur bouche qui veut dire l'anarchie des intérêts, la guerre impie de tous contre chacun, de chacun contre tous. Partez donc, soldats de l'argent, partez droit devant vous, l'arène est grande ouverte. Vous avez tous droit de vie et de mort, je veux dire droit de ruine sur le voisin. Je vois une mêlée monstrueuse où chaque combattant a son drapeau, où devant, derrière, à droite, à gauche, partout, sont des ennemis. Point de cesse au combat, et gare à qui n'a point d'armes ou les laisse tomber. Vivent les forts, malheur aux faibles! *Chacun pour soi*, c'est le cri de guerre, *et Dieu pour tous*, murmure un écho menteur; pour tous, c'est-à-dire pour personne.

Voilà, et je défie un seul homme de me démentir, voilà la liberté dont nous jouissons. Je vous donne là le portrait en pied de votre libre concurrence. S'il n'est pas ressemblant, qu'il s'en lève un pour le dire. Elle a, certes, des charmes incomparables, et bien absurdes, n'est-ce pas? ceux qui demandent à changer. Le mal a, je le sais, ses palliatifs qui trompent la douleur, ses calmants qui l'adoucissent. L'habitude d'abord contre laquelle viennent s'émousser toutes les sensibilités. Puis la loi civile, plus avancée que l'autre, soumet à des formes légales l'exercice de ce beau droit d'hostilité universelle, et heureusement encore qu'on a bien voulu accepter l'entrave. Mais ici la peur a parlé; car il y avait là deux forces et deux faiblesses, et la force d'argent a consenti d'autant plus volontiers à laisser enchaînée la force des bras, qu'elles n'étaient pas toutes les deux du même bord. Enfin, et c'est là le meilleur, la pitié qui ne peut mourir tout entière au cœur de l'homme, la douce pitié a ses retours qui amollissent parfois les courages. L'on ne va pas toujours au bout du principe, et c'est pour cela que cette société conserve encore quelque chose d'humain. Mais n'abusez pas de ce sentiment compromettant si vous tenez à vivre. La pitié est un danger dans ce monde d'ennemis, et trop souvent une exception. Si vous tombez par elle, que savez-vous si, à son tour, elle vous relèvera. D'ailleurs si vous êtes père, si vous êtes, comme on dit, dans les affaires, si d'autres intérêts que les vôtres sont entre vos mains, au nom du devoir, refermez, mon ami, votre cœur qui s'entr'ouvre: vous n'avez pas le droit de la pitié.

Or, dites-moi ce que sont venues faire ici ces trois nobles sœurs: la liberté, l'égalité, la fraternité? qu'il y a-t-il de commun entre elles et cela, et que voulaient donc ceux qui les ont appelées? Encore une fois, montrez-moi la place de la liberté dans ce troupeau d'hommes libres qui se vendent les uns aux autres à l'heure, au jour, à l'année. Montrez-moi la place de l'égalité dans cet échafaudage humain d'oppresseurs et d'opprimés. Dans cette cohue tumultueuse de combattants acharnés montrez-moi la place de la fraternité. Mots sacrés qui devez sauver le monde, je ne saurais vous redire assez de fois! vous sonniez à mon oreille comme l'écho d'une harmonie divine. Imprudents qui, voulant prolonger la lutte, vous ont laissés tomber dans ce concert sauvage de cris discordants! Inconséquents qui, s'intitulant les gardiens de cette Babel impie, de cette tour de confusion, ont accroché à ses pierres branlantes le drapeau qui vous porte, mots de Dieu, mots de l'unité! Ils ont embouché la trompette de Josué, et ils voudraient retenir les murailles de Jéricho. Ils ont écrit eux-mêmes le *Mane Thecel Phares* dans la salle du festin, et ils se disent les amis de Balthazar. Liberté, égalité, fraternité, vous êtes l'Arche sainte qui fera tomber les faux dieux, et ce sont leurs fidèles qui vous ont introduite dans le temple. Qu'en pensent-ils? Celui qui blesse peut guérir; mais celui qui tue?...

En vérité j'accumule les redites, en homme qui doute de l'intelligence de son lecteur. Riez à votre aise, et si vous avez compris, faites-en votre profit. Oui! et cette fois sera la dernière, oui, vous avez prononcé vous-même la sentence. Résignez-vous de bonne grâce à la voir s'exécuter, et consolez-vous du reste, votre condamné à mort était jugé déjà. Vous n'avez empoisonné qu'un moribond.

II.

Je viens d'expliquer comment le principe nouveau de fraternité, le vieux principe de 89, bien compris cette fois, et d'une application forcée parce qu'il a été proclamé, on peut le dire, sans combat, proclamé sans colère et reconnu sans conteste, comment ce principe nouveau était l'arrêt de mort d'une société qui jure avec lui. J'ai parlé là pour les hommes du mouvement, pour les nobles cœurs qui sont partis en avant à la conquête des droits de l'humanité. Le fait était clair et palpable et ne demandait qu'à être énoncé. Aux hommes de la résistance, aux âmes timides et sans amour qui ont peur d'un avenir sans places réservées, sans droits de naissance, sans priviléges, j'ai quelque chose de plus piquant à dire. Si j'établis suffisamment que la société qu'ils préfèrent est mise en ce moment au pied du mur par son principe même, le principe du *chacun pour soi*, et qu'en dehors du droit nouveau, le fait ancien, l'hostilité des intérêts, suffirait à lui seul pour la rendre impossible, peut-être se résigneront-ils de meilleure grâce à faire l'abandon de ce principe malfaisant qui leur semble encore commode ; peut-être alors reconnaîtront-ils, au nom même des intérêts vaincus, qu'il est meilleur de faire cause commune que bande à part.

Je vais reprendre la question d'un peu haut. Si je ne suis pas assez clair, tournez la page.

Il est de l'essence de toute chose mauvaise, c'est-à-dire contre nature, de porter en soi un germe de mort ; la loi enfreinte combat sans relâche jusqu'à ce qu'elle ait obtenu satisfaction. Ce qui est mauvais dans une société, ce qui va contre les lois immuables de la nature humaine, c'est la haine, c'est l'oppression, c'est la lutte. L'homme, en sortant des mains de Dieu, n'était pas fait pour la haine. Sa loi, c'est d'être bon et d'aimer. Je n'en veux d'autre preuve que cet épanouissement joyeux de tout son être, à la vue de ce qu'il aime, que ce resserrement douloureux, au contact de ce qu'il hait. Or, le plaisir et la douleur ne sont pas seulement des sensations, selon le dire de l'école matérialiste ; ce sont des avertissements divins, des guides infaillibles qui apprennent à l'homme s'il est ou non dans sa voie. Le plaisir et la douleur, c'est le signe par lequel se manifeste l'ordre suprême, obéi ou méconnu ; et le triste catholicisme a menti à la loi de Dieu en sanctifiant la douleur, le symbole du désordre, la douleur dont le Christ, son maître, n'a jamais parlé que pour plaindre et consoler ceux qui souffrent.

L'homme n'a donc qu'une loi, l'amour, l'attraction, la loi universelle des êtres. L'homme attire l'homme : c'est cette force invincible qui a créé au commencement les sociétés ; c'est elle qui fait si terrible cette invention des bourreaux modernes, l'isolement absolu qui rend fou, qui tue. La force d'attraction qui emporte vers la lumière la plante retenue captive dans l'obscurité, est une force de même nature. L'homme est le soleil de l'homme. Réunissez beaucoup d'hommes en un lieu, et de par le courant mystérieux qui va s'établir à l'instant dans cette foule, vous allez avoir ce que vous appelez une fête, une fête dont la foule même est le principal, et le reste l'accessoire, l'occasion, le prétexte.

Le principe d'hostilité entre les hommes est donc évidemment un principe anti-humain. Comment alors a-t-il pu s'établir ? C'est que l'homme, avec sa loi, a reçu dans une mesure jusqu'à ce jour inexpliquée, le droit glorieux et funeste de réagir contre elle. C'est là ce qu'il nomme sa liberté. Mais cette liberté est double, car le droit de résistance implique le droit d'obéissance ; celui-ci est le bien et l'autre le mal ; c'est l'ordre et le désordre. Il y a la bonne et la mauvaise liberté, deux sons de la même corde, double tranchant de l'arme, dont l'Orient trompé avait fait son dogme des deux principes, ses bons et ses mauvais anges, mettant ainsi hors de l'homme ce qui était en lui, prenant pour deux lois distinctes la soumission ou la révolte à la loi unique, l'amour qui est l'ordre et le bien. C'est en vertu de son droit de réaction que l'homme isolé a posé sa personnalité au-dessus de l'humanité, qu'il a dit : *moi*, au lieu de dire : *nous*; que le rayon s'est déclaré centre et pivot, que la branche s'est constituée tronc et a fait souche, au détriment, bien entendu, des rameaux envahis, qui n'ont plus reçu d'air et de sève que ce qu'elle voulait bien en laisser passer. De là les castes privilégiées et les races déshéritées, de là les tyrannies et les révoltes, de là les guerres, luttes de ces personnalités collectives qui sont les peuples, petites unités dans la grande ; de là toutes les misères du genre humain, puni pour avoir désobéi.

Or la loi du progrès social de l'humanité, son principe de perfectibilité indéfinie, n'est autre chose que sa tendance à se rapprocher toujours davantage de la loi divine d'amour et d'unité; à se débarrasser de la division, de la haine, de l'alliage humain; à diminuer l'autorité du moi ; à expulser le désordre, source maudite de toute douleur ; en un mot à atteindre de plus près au bonheur, qui est le but et la fin de toute créature de Dieu, la récompense qu'il a fixée lui-même pour qui marchecherait droit dans sa ligne.

Ce progrès n'est pas d'hier. Jetez un coup d'œil en arrière, et dites-moi si toutes les phases de l'humanité n'ont pas été marquées par un pas de plus vers l'émancipation, vers le bonheur commun, si chaque siècle n'a pas apporté sa pierre à ce temple de la fraternité universelle, dont nous vous annonçons le couronnement. Toutes les vaines distinctions, œuvre de l'homme, ont disparu les unes après les autres sous le flot triomphant du progrès humain ; toutes les dominations usurpées ont été englouties successivement : il en reste une ; et qui êtes-vous pour oser dire au flot qui monte toujours : « Tu n'iras pas plus loin ? » Que Dieu vous juge et vous pardonne si vous êtes de bonne foi ! Ne voyez-vous pas s'avancer l'ère prédite de la fraternité des peuples, ne voyez-vous pas que la guerre, ce monstre abhorré des mères, est sur ses fins, que le règne promis aux hommes, le règne de Dieu, s'approche enfin? Et en présence de la grande régénération pressentie par les rêveurs, vous répondez par des imprécations à qui vient vous parler de la fraternité des intérêts, à qui demande qu'on enterre avec l'autre la guerre du producteur et du consommateur, la guerre du fort et du faible, la guerre de celui qui possède et de

celui qui ne possède pas ! Inutiles imprécations !
Celle-ci est de l'homme aussi ; elle doit périr à son
tour : si ce n'est pas aujourd'hui, ce sera de-
main.

Ne croyez pas m'écraser sous l'argument en
me la montrant vieille comme le monde, cette liberté vagabonde des intérêts individuels, lâchés
la bride sur le cou. Sans doute l'humanité, sauf
quelques essais sans résultat, efforts désespérés
tentés avant l'heure, sans doute l'humanité est
venue jusqu'à nous, sans avoir jamais connu d'autre loi. Cela a toujours été ; c'est la grande objec-
tion qui, transportée d'âge en âge, s'est rencon-
trée sans cesse sur le chemin de tout progrès.
L'homme de cinquante ans, qui s'est toujours vu
avec des cheveux noirs, pourrait en dire autant
à ceux qui lui prédisent des cheveux blancs, et son
raisonnement serait d'égale force. Oui, le mondé
a vécu jusqu'à présent, et bien vécu, si vous le
voulez, sur cette loi d'insolidarité des intérêts ;
oui, c'est le stimulant de l'égoïsme qui a enfanté
les prodiges de la civilisation, cela je vous l'ac-
corde, pour ne pas entamer de discussion à côté ;
mais d'autres choses ont changé, qui ont rompu
l'équilibre ancien, et ces prodiges mêmes dont vous
me parlez sont une des raisons qui ne permettent
pas de continuer ainsi. La liberté de l'action individuelle n'a pas été toujours la même, ni la puissance : la société humaine, en se développant,
devait faire craquer un jour la cuirasse d'autrefois, transformée à la longue en un étau. Cette liberté nous la nommons un mal, et le monde ne
s'en était pas encore douté, dites-vous. Oubliez-
vous que le mal longtemps insensible dans un corps
engourdi peut devenir intolérable, quand les forces vitales arrivent à un certain degré d'énergie.
Or, ce n'est pas pour rien que l'humanité réveillée
s'est cherchée, s'est trouvée et s'est sentie ; ce n'est
pas pour rien que la nature domptée nous a livré
ses secrets, et que des forces inconnues jusqu'alors

ont été appelées à jouer un rôle dans la lutte; ce n'est pas pour rien que les entraves qui enchaînaient l'industrie et la pensée, l'âme et le corps, sont tombées une à une; ce n'est pas pour rien surtout que la morale publique régénérée vient de rendre au pauvre ses droits oubliés, et que des myriades d'intérêts mis à l'ombre ont conquis enfin leur place au soleil. L'action individuelle, qui pouvait jadis garder sans danger ses coudées franches, languissante et restreinte qu'elle était, aurait bientôt bouleversé la société, aujourd'hui que la voilà frétillante et multiple, avec les leviers et l'audace qu'on lui a donnés. Des enfants qui se battent se font peu de mal : des hommes aux prises se meurtrissent et s'assomment. La société malade en est au traitement des homœopathes. L'excès du mal va tuer le mal.

J'arrive enfin aux faits, après vous avoir promené à ma fantaisie dans l'idée. C'était mon droit de vous amener préparés sur le terrain des preuves, et, qui plus est, je ne vous y laisserai pas longtemps. Je ne veux qu'effleurer des questions immenses, développées ailleurs tout au long par de plus habiles. J'expose et je résume. Ce n'est plus le moment d'approfondir quand les faits ont monté à la surface, et qu'il n'y a plus qu'à gratter la terre pour les toucher. Je me bornerai donc à montrer trois leviers mis par la science et la raison aux mains de l'action individuelle, trois armes qui la rendent si formidable à cette heure qu'il va falloir y renoncer. Ce sont la machine, la liberté civile, l'égalité politique.

III.

La poudre à canon a renversé le seigneur par la force, en rétablissant l'équilibre sur le champ de bataille. La machine fera tomber le seigneur par l'argent, en détruisant l'équilibre outre mesure sur le champ de bataille des intérêts. La richesse conférant au riche la fonction solennelle de dispenser les moyens d'existence au pauvre que la pauvreté condamne à vivre par autrui, et le premier ne faisant sa distribution, aux termes de la loi sociale, qu'en échange d'un service, d'un travail, d'une utilité quelconque, tout agent non humain, qui travaillera pour lui, rognera nécessairement la part de vie du pauvre. La concurrence est libre, vous le savez, la lutte permanente entre les hommes : l'utilité seule, le besoin dictent les concessions réciproques. Au point de vue de l'utilité, le dispensateur du travail, c'est-à-dire de la vie, ne saurait hésiter entre l'homme et la machine. Son argent est à l'enchère des services : il appartient au plus offrant. Pour le travailleur, instrument borné, la concurrence n'est pas possible, n'est pas libre, quand il a pour rivale la nature elle-même, avec ses forces inépuisables. Servi par la machine, le maître n'a plus besoin de lui, ne le connaît plus. Toute machine, qui entre dans un atelier, met donc à la porte, sans retour, ni compensation, un certain nombre de travailleurs. Je dis sans compensation, car s'ils étaient expulsés par d'autres hommes, ceux-là laisseraient un vide quelque part, une place à remplir. Mais la machine, vomie par la nature, est une étrangère qui vient d'un autre monde disputer à l'homme le marché, et remplit la place occupée par lui, sans laisser de vide ailleurs que dans les entrailles de la mine.

De quoi vivra le travailleur dépossédé ? qu'il cherche, la terre est grande ! Ainsi fait-il, et la science aidant, le capital se servant des deux, sous le triple fouet de la curiosité, de l'avidité et du besoin, le courage humain déploie toutes ses ressources, et emporte le travailleur vers de nouveaux horizons. Les ateliers se multiplient ; des industries inconnues apparaissent ; les bras déplacés vont défricher plus loin un sol qui restait vierge. Mais la machine marche aussi ; elle poursuit l'homme aux abois de position en position, et si grande que soit la terre, à force d'aller, on arrive au bout. Il n'y a pas de limites aux forces productrices de la nature; il y en a une à la production utile, la seule sérieuse, une limite inévitable, les besoins de la consommation. Or la machine produit et ne consomme pas ; sa robe est faite une fois pour toutes, et quand ses besoins de houille ont été satisfaits, elle ne demande plus rien au maître. Loin d'élargir le champ de la consommation, elle le restreint plutôt, puisqu'elle réduit par la concurrence la part de vie du travailleur, le grand consommateur, parce qu'il est la foule. Accaparée d'un côté, diminuée de l'autre, la production finira donc par lui faire défaut, et partant le salaire, à lui qui vit de salaire. Que fera-t-il cette fois, poussé dans ses derniers retranchements? Hélas ! est-il besoin de le dire? Au-dessus du droit de propriété, si respectable qu'il puisse paraître présentement, vous verrez surgir alors un autre droit plus respectable encore, un droit que nul de vous ne saurait nier sans rougir, et on l'a fait pourtant, le droit de vivre. Alors il faudra bien s'arrêter, et aviser autrement.

Nous n'en sommes pas là, Dieu merci; mais nous y allons. La science humaine est lancée sur une pente fatale, irrésistible: on l'appelle là-bas; il ne lui est pas permis de rester en route. Elle n'a pas fini, gardez-vous de le croire; elle commence. Attendez qu'elle ait mis la main sur les forces rebelles qui lui ont échappé jusqu'à présent, attendez qu'elle ait mené à terme ses procédés encore grossiers, et vous verrez ce qu'elle laissera à faire aux bras de l'homme, vous verrez ce qui restera de cette devise qui serre le cœur : *Vivre en travaillant, ou mourir en combattant.* Et sans attendre, voyez l'Angleterre, le pays classique de la machine, l'Angleterre écrasée sous une montagne de produits dont elle ne sait plus que faire, et forcée, pour vivre quelques années de plus, de mendier la pratique du monde entier, l'Angleterre, avec ses légions de pauvres, qu'elle est bien forcée de nourrir à ne rien faire, puisqu'elle n'a pas de travail à leur donner. Le mal qui ronge l'Angleterre ne s'en tiendra pas à elle, ayez-le pour certain. La machine est cosmopolite et prolifique ; elle s'acclimate sous toutes les latitudes ; elle s'engendre elle-même et pullule sans fin : c'est une race nouvelle introduite au sein de l'humanité, une race de bronze et d'acier, immortelle, infatigable, qui appelle la lutte, et ne peut pas être vaincue.

Tout cela est d'une évidence telle, a été redit tant de fois, est accepté si facilement que j'ai presque honte de le redire. Aussi bien n'est-ce pas là-dessus qu'on insiste. Cette face de la question est trop dure à voir. On en détourne les yeux, et pour toute réponse à ce qui n'a point de réponse, on raconte les avantages que vaut à la société ce fruit de mort pour ses enfants. Et sans se mettre trop en frais d'imagination, il s'en trouve tant à dire à ce coup, qu'on est bientôt consolé. Consolé des maux qu'on ne souffre pas, c'est sitôt fait ! Oui, la machine, cette mère des affamés, est le plus grand progrès qu'ait fait encore l'humanité. Ce que l'homme lui devra est incalculable. La conquête qu'il a faite en ployant à son service le bœuf, le cheval et le chien, les grands bienfaits d'autrefois, salués par les cris de joie de l'antiquité, cette conquête n'était rien auprès de celle qu'il vient de faire, en apprivoisant la nature. La mission de la machine est quelque chose de tellement divin que les ignorants et les simples, ceux qui conservent l'instinct des choses de Dieu, ne peuvent la regarder sans une mystérieuse terreur, que le travailleur lui-même frustré par elle du pain de ses enfants, que le travailleur, en ses jours de colère, n'ose la briser qu'en se surexcitant, et qu'on le ramène d'un mot. Un mot suffit parce qu'il y a quelque chose en lui qui l'avertit que la machine est sainte, et non pas maudite, qu'elle a été créée et mise au monde pour le plus grand bien de l'humanité. De l'humanité! c'est là ce qu'oublient ses panégyristes qui ne s'aperçoivent pas que l'institution de la richesse met au service d'un homme ce qui devrait être au service de tous les hommes. La machine doit être la servante de l'homme, et non pas sa rivale; elle doit travailler pour lui, non contre lui; elle a pour mission de l'émanciper de la vie de bête de somme, et non pas de la vie. Cette mission-là doit s'accomplir, et vous ne la briserez pas non plus, vous, ses seigneurs sazerains : elle est trop bien gardée par votre intérêt présent. C'est pour cela qu'elle sera retirée un jour des mains qui la détiennent, des mains qu'elle rendrait homicides, et qui perdront, en la lâchant, le droit de choisir dans la foule qui doit vivre, le front levé, d'un salaire certain, et qui doit être livré aux angoisses du hasard, à la honte de l'aumône. Cela se fera parce que les choix iront toujours se resserrant, et qu'un moment viendra où les élus ne seront plus assez.

Le droit de l'action individuelle n'aurait point d'autre raison de disparaître que celle-là suffirait dans un temps donné. Il a d'autres ennemis malheureusement, d'un danger plus immédiat, et ceux-là pourront bien brusquer le dénouement.

IV.

Du temps que la société, asservie aux traditions du passé, comprenait mal encore le droit de l'homme, l'action individuelle gênée dans sa marche par mille obstacles, par le lien de la glèbe, qui tenait le serf au pied, et le condamnait à végéter sur place; par les barrières de la corporation, hérissées de formalités; par ses réglements qui arrêtaient tout essor, et mettaient le progrès à l'index; par le monopole des compagnies privilégiées, aristocratie industrielle et commerciale, qui barrait la route au vulgaire; par le bon plaisir du maître enfin, qui tenait en sa main toutes les existences, et délivrait sans appel les laissez-passer; l'action individuelle, dans ce temps d'oppression civile, bête fauve à l'attache, n'avait rien d'inquiétant pour la société. On pouvait sans danger lui laisser faire le tour de sa chaîne, et dévorer à l'aise sa maigre pitance. Un jour vint, où retentit dans l'air un cri de liberté. A ce jour, dont nous datons, le vieux réseau étendu sur les bras et les têtes s'émailla de toutes parts en un clin d'œil, et l'action individuelle, enivrée de sa première bouffée d'air libre, s'élança joyeuse en criant : « le monde est à moi. » Le système économique qui nous a été légué par les hommes de l'affranchissement est d'une simplicité héroïque. Il se réduit à une formule de quatre mots : *laissez faire*, *laissez passer*. Dans cet immense besoin d'indépendance, amassé par les siècles de servitude, la négation même de la règle devait être prise pour la meilleure expression de la règle. L'ancien droit du maître, le droit de permettre, toutes ces mains affranchies le mirent au pillage, et chacun en rapporta chez lui son lambeau.

Je vous ai dit quel était en principe ce droit absolu de l'individu, quelle était sa portée morale, examinons quels ont été ses résultats matériels, et ce qu'il en advient en ce moment.

Libre de faire et de passer, de produire et d'aller, l'action individuelle débuta par un magnifique progrès. Tous s'ébranlèrent à la fois. L'industrie et le commerce vivifiés comme par enchantement, j'omets l'époque de transition, donnèrent à la société un spectacle qui n'avait pas de précédents dans l'histoire. Puis vint la machine, et l'on marcha bientôt de merveilles en merveilles. C'est le souvenir de ce que valut alors au monde l'apparition de la libre concurrence qui fait encore sa force, aujourd'hui qu'elle est devenue un fléau. Cependant, en portant à bas les anciennes dominations, on n'avait pas fait attention qu'on en laissait un debout, celle du capital, première condition de toute industrie, de tout commerce, mieux que cela, de toute existence. Celle-là allait hériter de toutes les autres. On croyait avoir décrété le droit de l'homme ; on n'avait décrété que le droit du capital, à le bien prendre. Sans lui rien, avec lui tout ; et les deux chartes constitutionnelles, la charte-vérité, aussi bien que l'autre, avaient donné la sanction légale à cette royauté latente, la seule absolue désormais. Point d'argent, point de citoyens, partant point de souverains : contesté ou non, on vivait sous le principe de la souveraineté nationale. Or, la loi sociale la laissait au mieux prenant cette royauté mobile et fugace, qu'il demeurait permis à chacun de ramasser au torrent métallique de la circulation. Combat furieux, inégal, immoral, sur ces bords où le fort venait puiser le pouvoir, et le faible la vie, celui-ci écrasé par celui-là. Les distributions ignobles de la restauration, ces fontaines de vin férié, au-devant desquelles les hercules de cabaret s'assommaient à coups de brocs, n'étaient qu'un jeu charmant à côté de cette lutte sans nom. Rien ne forçait, en effet, les natures délicates d'aller joûter dans cette boue vineuse et sanglante : mais là, pas d'exception, pas de grâce, et le mépris de tous, si le pied manque. Ce fut bientôt à regretter le temps des servitudes. Au moins alors, s'il coulait plus rare et plus obscur, cet élément de vie, devenu l'agent universel, ne le prenait pas qui voulait, et chacun l'attendait, sans se battre, à sa place.

Sortons de la généralité : qu'est-il arrivé dans le détail ? Il est arrivé que le commerce et l'industrie, ouverts à tout venant, se sont encombrés si bien à la longue que fabricants et marchands sont partout les uns sur les autres. Là où il y avait place pour un, on s'est mis quatre, et chacun se trouvant forcé de disputer sa vie, c'est à qui mangera l'autre, en style du métier. Manger son confrère, la loi ne s'y oppose pas, et il y a pour cela deux moyens : donner meilleur, à meilleur marché ; ce dernier surtout. Les voilà donc luttant à l'envi d'efforts et de sacrifices, et le public enchanté bat des mains.

Mais, dans cette joûte au rabais, le plus pressé d'arriver cherchera bien à délester sa barque, c'est-à-dire à réduire ses frais. De là, choix moins sévère de la matière première, falsification au besoin, réduction de la main-d'œuvre et de son prix. Les bras ne manquent pas, grâce à la machine qui les refoule, et l'ouvrier, serré de trop près, se mange à son tour, en offrant au rabais sa marchandise à lui, son travail. Ouvriers, fabricants, marchands, qu'un seul descende, une loi fatale, la loi du niveau des prix, entraîne toute la ligne à sa suite ; et la fraude elle-même, qui seule permet certains prix, la fraude devient parfois obligatoire, sous peine d'abdication. Que l'industrie et le commerce invoquent leurs souvenirs ! Il y a solidarité du moins dans la perte et dans la faute, et voici déjà qui n'est plus si bien.

Ce n'est pas tout. Les forts qui peuvent plus, vont toujours plus loin que les faibles sur ce chemin de la perte, moins glissant pour eux. Ils ont, comme vous dites, les reins plus solides, droit barbare qui révolterait s'il s'appliquait sur le trottoir, et dont s'enorgueillissent ingénument les gens de boutique. Cet homme qui passe dans la rue, nul n'a le droit de le coudoyer par exprès ; celui qui lui arracherait sa canne, ou son mouchoir, irait en prison. Par exemple, il est permis au premier venu d'entrer, la bourse à la main, sur le terrain qu'il exploite, de lui arracher, sans crier gare, et sa fortune, et trop souvent son honneur engagé dans une question d'argent, bref de le jeter dépouillé et flétri, sur le pavé, et non seulement lui, mais les siens avec lui. Ainsi le veut la liberté. Donc les grands ateliers, les grands magasins vont tuer les petits, c'est leur droit, et ils en usent. On en sait quelque chose à l'heure qu'il est, dans les régions inférieures de l'industrie et du commerce, et m'est avis que le métier, débordé par la machine, que la boutique, annulée bientôt par le bazar, commencent à trouver moins de charmes à leur libre concurrence, exercice de dupes où celui qui a les reins solides assomme impunément le chétif et le petit. Ils le diront eux-mêmes quand ils en auront assez.

Allons plus loin. Vous avez abandonné les hommes à eux-mêmes, et chacun choisissant à l'aveugle sa fonction, sans avertir, sans savoir, chacun court à la plus agréable, qu'il y soit utile ou non. Les pauvres qu'un hasard a gratifiés du bienfait menteur d'une éducation littéraire, les pauvres laissent là l'outil paternel, et s'entassent étourdiment dans les positions de fantaisie, où la mise de fonds n'est pas de rigueur. Je n'énumère pas : ceci est de notoriété publique. Puis une fois là, tout ce monde demande à vivre, c'est trop naturel ; et la vie légitime se dérobant sous ces étreintes multipliées, la bizarrerie provocante est appelée au secours ; le charlatanisme, pour ne pas dire plus, intervient à la fin. Ce que l'art et la science y gagnent, Dieu le sait ! Encore la recette finit-elle par s'user, et le public, abasourdi de réclames, blasé d'horreurs et de fadaises, passe indifférent devant tous ces gens qui lui demandent son argent, avec d'autant plus d'instances et de frais d'imagination qu'il en a moins à donner.

Ce n'est encore là que le moindre mal de ce déplacement désordonné des existences. Une autre émigration a lieu bien plus forte et plus funeste, celle du paysan dans la ville. Accaparés par le commerce, la banque et l'industrie, les capitaux ont abandonné les campagnes qu'ils ont laissées à la grâce de Dieu, loin en arrière du progrès d'instruction et de bien-être matériel qui nous a créé des jouissances nouvelles, avec des besoins nouveaux. Et qui, pouvant le quitter, voudrait s'enterrer dans un pauvre trou morne et désolé, quand la vie est si belle là-bas, si animée, si riche d'espérances? Ils partent donc, ces hommes utiles dont les services ne sont pas payés, ils partent, et de quel droit voudriez-vous les retenir? Ils vont s'engouffrer dans la cohue des villes encombrées, où ils ajoutent encore à l'étouffement général, et, conséquence déplorable du système, les bras manquent à la terre, la nourricière du pays, pendant qu'ils surabondent là où ils sont inutiles, là où ils sont un fléau.

Ici encore, je voyage à travers des lieux communs. Mais si vous convenez du mal, convenez donc aussi de la nécessité du remède. Tous ces hommes qui cherchent à monter ont raison mille fois. En laissant à chacun le choix de sa fonction, il fallait les faire toutes heureuses et honorées, si vous ne vouliez pas l'engorgement en haut, le vide en bas. De même en livrant à eux-mêmes les forts et les faibles, il fallait bien prévoir qu'un jour viendrait ou ceux-ci ne pourraient plus tenir devant ceux-là, et que les dominateurs eux-mêmes tomberaient à leur tour, entraînés dans l'affaissement général. Voyez en effet, l'admirable résultat de cette liberté sans mesure et sans contrepoids ! Tous périssent à la fois, victimes d'une lutte absurde. Le fabricant gagne-t-il au salaire réduit de l'ouvrier dont lui-même gémit tout le premier ? Non le bénéfice en vient au marchand qui, persécuté d'offres, choisit à son aise. Celui-ci à son tour, embarrassé de ses richesses, dans l'attente du consommateur éclipsé, et ne voyant pas rentrer ses capitaux, à l'approche redouté des échéances, tombe pieds et poings liés entre les mains du capitaliste, du marchand d'argent, du banquier, l'être improductif par excellence, qui récolte en fin de compte tous les profits de l'industrie et du commerce, qu'il tient fièrement à sa merci. Et pour couronner l'œuvre, le banquier trahi succombe enfin sous la gêne du commerce, et de tout cet échafaudage d'oppression à quatre degrés, il ne reste debout que la misère commune qui lève au ciel des bras désespérés et crie vengeance, sans savoir contre qui.

C'est là où nous a conduits l'abus de l'action individuelle, et la société actuelle se débat en ce moment, furieuse et aveugle, dans le gouffre que sa loi de haine lui a creusé. En sortira-t-elle? Non. Relèvera-t-on l'échafaudage écroulé? Cela n'est pas possible. La révolution de février lui a enlevé sa base, l'assujettissement du travailleur.

V.

Le jour où l'on a décrété le suffrage universel, a-t-on bien mesuré la portée de cet acte solennel sur lequel il n'est plus permis de revenir? N'a-t-on pas vu qu'on déplaçait la force sociale, que les hommes se comptant, au lieu de se peser, le travailleur qui est le plus nombreux, je n'admets pas qu'on le distingue du paysan, ce rude ouvrier de la terre, que le travailleur devenait à l'instant le plus fort. Or, sur quoi repose toute cette combinaison savante qui met les intérêts d'accord en les renvoyant dos à dos? sur le droit du plus fort, nous l'avons redit à satiété. Le plus fort ayant raison, c'est le travailleur qui sera le maître. Il va faire la loi, attendez un peu. Je ne parle pas de cette loi brutale que l'on fait dans la rue, et dont personne ne veut ici, lui moins que tout autre, vu qu'il n'en a plus besoin. J'entends la loi sérieuse et légitime, la vraie loi, celle que le gros contribuable, l'ancienne nation, dictait tout-à-l'heure à ses représentants. Au nom du *chacun pour soi*, il ne s'inquiètera pas davantage de l'intérêt du maître qu'on ne s'inquiétait du sien, et ce qu'il dictera à son tour n'aura trait qu'à lui. Je vous fais grâce des mille exigences partielles qui, sur un point ou l'autre, se feront jour dans les débats d'intérêts partiels, exigences oppressives qui seront la contrepartie des oppressions passées, exigences permises à votre point de vue, non pas au nôtre, puisque votre loi est une loi de haine, puisque, selon vous, les intérêts humains doivent être ennemis et non pas frères. A ce jeu redoutable que deviendra le droit du riche, ce droit insolent de faire vivre le pauvre? Ce qu'il y a au bout de cette lutte qui sera nécessairement sans pitié, vous savez pourquoi, ce qu'il y a au bout de cette lutte me semble à moi si évident, si facile à prévoir que je m'étonne d'un simple doute. Ceux qui se consolent en rejetant dans un avenir indéfini l'accomplissement de la menace qu'ils entrevoient planant au-dessus des têtes, ceux-là me font sourire malgré moi. Ceux qui s'étant mis en route vers le but se désolent et s'indignent à tous les accidents du chemin, ceux-là je les déclare des hommes de peu de foi. Ils ne voient pas que celui qui était le faible est devenu le fort, et que c'est son affaire maintenant. Si la société n'abdique pas au plus vite son principe odieux de l'hostilité des intérêts, si l'on ne s'empresse de retirer des mains du pauvre cette arme meurtrière de la haine, il en aura bientôt joué si bien qu'on sera trop heureux de composer avec lui. Aura-t-il raison? Eh non! sans doute, la haine entre les hommes n'a jamais raison; mais c'est votre maxime qui l'aura voulu. Chacun pour soi!

Ce dernier argument, qui est le triomphant, me paraît si dur et si triste que je n'ai pas le courage d'insister. L'homme que Dieu avait fait bon, on l'a transformé de telle sorte que la peur obtiendra de lui plus que l'amour, et que pour le ramener dans sa voie, il faudra la nécessité, l'humiliante nécessité.

VI.

Et maintenant toutes ces plaies sociales que je viens d'étaler, est-ce une théorie qui les a ouvertes? est-ce notre faute à nous si la loi d'égoïsme qui régit la société met son existence en péril par le conflit désespéré des intérêts à bout d'expédients? Cette loi, l'avons-nous prêchée? vient-elle de nous et demandons-nous qu'on la conserve? Est-ce nous, dites-moi, qui avons fait entrer la machine dans l'atelier? Est-ce nous qui avons proclamé la libre concurrence? Et ce grand progrès du suffrage universel, cette émancipation politique du pauvre, qui contient l'autre en germe, cette émancipation que, pour ma part, j'attendais comme un dernier signal, je dois rendre cette justice au parti républicain, c'est à lui surtout qu'on la doit. Pendant que la théorie s'endormait dans son rêve et tournait, impuissante, autour du temple fermé de l'égalité, lui frappait résolument à la porte, et voyant qu'on ne l'ouvrait pas, il a fini par l'enfoncer. Maintenant que le pauvre est entré, pourrions-nous lui persuader, même le voulant, de s'arrêter sous les portiques ; et à qui s'en prendre, dites un peu, s'il se met en tête d'aller au fond? Son intérêt l'y pousse, et avec votre loi, toujours votre loi, entendons-nous bien, qu'y a-t-il de plus sacré que l'intérêt? Enfin ce mot de fraternité, ce mot divin que nous invoquons, ce mot qui vous juge et vous condamne, en avons-nous le monopole? Il n'est pas un seul d'entre vous, même de ceux qui le prononcent du bout des lèvres, pas un seul qui osât le renier. Qu'on n'aille donc pas nous reprocher et ce qui ne nous appartient pas, et ce qui nous est commun avec tant d'autres, ou qu'on enveloppe dans le même anathème tous nos complices, et en tête le progrès de l'humanité. Nous n'avons pas fait le crime, nous en dressons le procès-verbal.

Si la société actuelle était viable en fait, je revendiquerais encore le droit de déclarer qu'elle n'est pas bonne, que sa loi n'est pas juste, que ceux qui le sentent et l'entendent tout bas dans le murmure inavoué parfois de la conscience, que ceux-là rendront compte à Dieu des souffrances humaines qu'ils auront laissé durer ; mais voulût-on monter sur les toits pour le crier de plus haut, cela, j'en ai la conviction profonde, cela ne servirait à rien. Une société qui marche s'inquiète bien peu, hélas! de ses contradicteurs; elle les écrase en passant du poids de ses mépris : « Je marche, donc je puis marcher. » Et tout est dit.

Aussi bien est-ce un symptôme très grave, et qui doit faire réfléchir les hommes de sens que cette alarme universelle à propos d'une théorie. Eh! bon Dieu, que vous importe *le* rêve si vous tenez la réalité? Que vous fait une doctrine si son heure n'est pas arrivée? Que craignez-vous de nous si nous n'avons pas raison? Je ne saurais trop dire au juste ce que c'est que la fatalité; mais il y en a une en laquelle je crois fermement : c'est la fatalité de la raison, c'est la puissance inexorable de la logique, non pas celle d'un homme, celle de l'humanité.

Donc, si vous pouvez vivre encore sous cette loi de l'égoïsme et de la haine qui paraît vous tenir si fort au cœur, laissez-nous dire, nous les rêveurs insensés; si votre concurrence anarchique conserve encore quelque reste d'haleine qui lui permette d'emporter plus loin la société, laissez-nous jeter au vent nos folles paroles, et moquez-vous hardiment. Nul de nous ne fera ce tour de force de prendre dans ses bras une société vivante, et de l'étouffer avec des phrases. A ce meurtre surhumain le fer, ni le plomb non plus, ne suffiront pas. Mais si la loi vous entraîne dans l'abîme par ses conséquences forcées, si la concurrence sans frein tombe essoufflée sous le fardeau, si votre société chérie s'étrangle elle-même de ses propres mains, quoique vous fassiez, vous aussi, vous ne ressusciterez pas les morts. A notre tour de railler : « Vous ne marchez plus, donc vous ne pouvez plus marcher. » Et tout sera dit.

C'est là que je vous attends.

Frères, qui me lisez, ne prenez pas ceci pour un défi jeté. La joie cruelle du médecin à qui la mort va donner raison au lit d'un malade condamné, ce n'est pas là ce qui remplit mon cœur. Si je salue

avec une sainte émotion l'aurore de l'affranchissement des petits et des faibles, ma pitié a deux faces,
l'une joyeuse et l'autre inquiète. Admire qui voudra les convictions implacables ; elles ne vont pas
à toutes les tailles. La fraternité ne fait pas de choix ;
elle adopte toutes les douleurs ; et dussent les
miens me jeter la pierre, en déroulant ce triste in-
ventaire de nos misères communes. celles qui
m'ont trouvé le plus prompt à compatir, le dirai-je,
ce sont celles du riche. Le pauvre est-plein d'espoir
à cette heure, et porte gaîment sa misère. Le riche.
dévoré de soucis, jouit mal des biens qu'on lui
reproche et vit dans la terreur de l'inconnu, le plus
affreux des ennemis. C'est lui le malheureux, parce
que c'est lui le vaincu. Faire de la haine au nom
de l'amour, je n'aurais pas la force de ce déplorable contre-sens, et je serais honteux de moi si
j'insultais à sa défaite.

Libre à lui après cela de trouver ma compassion
outrecuidante, et de ne pas vouloir être vaincu.
Tant mieux pour lui si je me trompe ! Tant pis pour
vous, pauvres infortunés dont le jour est retardé !
Et dans cette foi qui vous paraît aveugle en l'avenir prédit. croyez-vous par hasard qu'il n'y ait
pas une place pour le jeu des passions humaines,
un chagrin pour ses résultats possibles? Ne sen-
tons-nous pas d'ici, les uns et les autres, souffler
le vent qui nous apporte les tempêtes, et s'il est
bien certain que la société surnagera toujours ;
croyez-vous que nous ne prenions pas aussi notre
part des malheurs que l'impatience, l'obstination,
le mauvais vouloir, les ambitions personnelles,
l'ignorance surtout, le fruit honteux de la misère,
pourront traîner ici derrière eux. On voudrait nous
accuser de rêver des hommes qui soient des anges.
Hélas ! nous ne savons que trop qu'il n'en est rien
aujourd'hui ; c'est précisément parce que nous les
voulons meilleurs que uous demandons pour eux
d'autres conditions de vie. Et vous aussi, vous le
voulez comme nous ; c'est même là une partie de

notre force. La générosité est de tous les partis,
comme le fanatisme; je me hâte de le dire avant
l'heure des luttes : on va l'avoir bientôt oublié (1).

VII.

Ah! je ne savais pas si bien dire. Dans l'inter-
valle de deux phrases, les colères annoncées sont
venues déjà me donner la réplique. J'ai vu toute
une population soulevée, courant aux armes à travers la ville, cherchant partout un ennemi absent,
et remplissant l'air de cris de haine, l'air étonné
qui les avait désappris. Tout cela à propos du communisme. On m'a raconté qu'à l'époque du choléra, des bandes de paysans furent aperçues dans
une campagne, armées de fourches et de vieux fu-
sils, qui poursuivaient le monstre pour le chasser
du pays. Paris, à la poursuite du communisme,
ressemblait assez à ces innocents. Pour Dieu! ne
faites donc pas intervenir ici les noms propres. Ce
n'est pas à un parti que vous avez affaire, c'est à
une idée; c'est pour cela que vous n'avez rien
trouvé. C'est votre choléra politique que ni cris,
ni baïonnettes, il y en eût-il une mer, ne sauraient conjurer, si le vent l'amène, pas plus que
ceux qui s'offrent pour médecins n'auront le pouvoir de l'appeler si les nuées veulent le garder.
Ce n'est pas dans la rue qu'il est, phalanges belli-
queuses; c'est dans l'air, c'est au milieu de vous,
sur votre drapeau où sa formule est écrite en
trois mots; sous la veste de l'ouvrier qui crie à
vos côtés : *A bas les communistes!* parce qu'il ne
sait pas; dans votre conscience alarmée qui s'in-
terroge et qui doute; au seuil de votre porte où il
attend, impassible, que la ruine arrive. Gardez
votre poudre, cet ennemi-là est hors de portée. En
vérité, si le temps était aux martyrs, je ne verrais
rien qui pût mieux servir l'idée proscrite en place
de Grève, qui rayonne éclatante au ciel. Mais, entre

---

nous, pourquoi faire des anachronismes? Oui, je vais l'avouer, ce vieux cri : *A la lanterne!* cri sans écho, disons-le vite, poussé çà et là par quelques bouches demi-honteuses, ce vieux cri, embaumé dans l'histoire, qui a grincé, comme une note fausse, à mon oreille, m'a trouvé incrédule et rieur. Nous n'avons plus de lanternes.

A ceux qui voudraient chanter victoire, je demanderai simplement si cette promenade militaire a déplacé la question ; je demanderai surtout ce que signifient ces cris : *A bas les communistes!* poussés par les hommes dont nous revendiquons les droits. Ce qu'ils signifient? c'est qu'on a calomnié! Oh! certes, je le conçois, que ceux-là les poussent qui, menacés dans leur orgueil, s'indignent à la pensée qu'un jour puisse venir où leurs rejetons ne trouveraient plus d'hommes, tenus de décrotter leurs bottes, sous peine de mourir de faim ; que ceux-là les poussent à pleine gorge, jusqu'au délire, jusqu'à l'enrouement, je les comprends et même je leur pardonne ; c'est bien le moins. Mais les autres! mais ceux qu'il s'agit d'affranchir! Cela est dur, mais cela n'est pas dangereux. Je les ai entendus ; ce n'était pas à nous qu'ils en avaient, et pour bien peu j'aurais fait chorus avec eux. J'ai entendu : *A bas les feignants!* (j'écris le mot comme on le crie)—Le travail que nous réclamons comme un droit pour les uns, nous en faisons un devoir pour les autres.—J'ai entendu : *A bas les brigands!* Jusqu'à nouvel ordre nous ne prenons pas ce mot là pour nous. En présence d'un malentendu, la frayeur est de mauvais goût. J'aurais peur si l'on avait dit vrai.

Et quel motif nous pousserait donc, si nous n'obéissions pas à de loyaux instincts, nous autres qui sommes des bourgeois après tout, qui en avons la langue, le costume, en partie les habitudes, tous enfants du peuple que nous sommes, quel motif nous pousserait à prendre en main des intérêts qui ne sont pas les nôtres, pour aller ensuite par les

quais et les places ramasser leurs injures à ceux-
là pour qui nous élevons la voix? Ne voyez-vous
pas que c'est au nom seul de la justice, au nom
de la conscience en révolte, au nom de ce que vous
respectez tous, en public du moins, que nous avons
pu abandonner ainsi le camp où sont nos affec-
tions personnelles, nos relations de vie, nos vieilles
amitiés de collége, les familles que nous aimons et
qui nous aiment, où est notre monde enfin? Et que
me ferait à moi, si j'étais mauvais, la misère de
cet homme que je ne connais pas, dont la main
n'a jamais serré la mienne, qui me regarde d'un
œil oblique en passant. Irais-je, à ton bénéfice, pro-
voquer les haines et les risées; irais-je te sacrifier
ce qui est autour de moi, frère inconnu qui ne
m'aimes pas, si une loi plus haute ne m'ordonnait de
t'aimer, si le droit n'était pas avec toi, si un devoir
n'avait pas parlé? Oui, l'on a calomnié! Mais s'il y
a une justice quelque part, soit en haut, soit en
bas, elles retomberont sur vos têtes, ces calomnies
homicides, vous qui les avez répandues sciem-
ment. La trahison et le mensonge, l'arme des lâ-
ches, cela ne fait de mal qu'à celui qui veut s'en
servir.

Ce que j'ai dit, je le pense, je le crois utile à
dire. Si quelqu'un est d'avis contraire, qu'il le
proclame faux, c'est son droit; qu'il le déclare
dangereux, c'est son devoir. Mais pas d'injures,
s'il vous plaît. Les injures, on se les renvoie, et
le moindre mal qui puisse en arriver, c'est du
temps perdu qui aurait pu servir à prouver.

17 avril 1848.

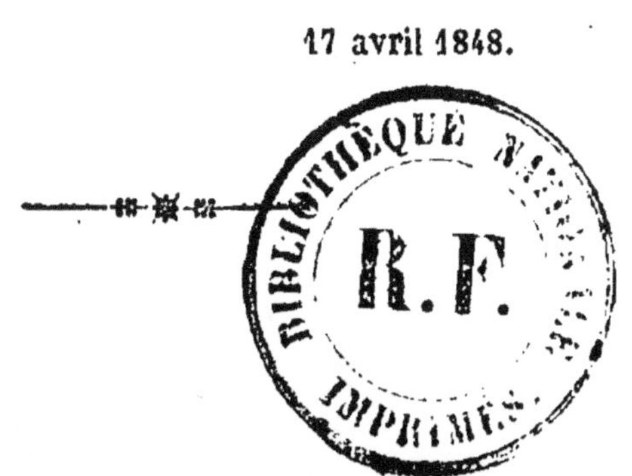

Du même Auteur :

LETTRES D'UN GARDE NATIONAL

A SON VOISIN.

Janvier 1848.

—

LES VERTUS DU RÉPUBLICAIN.

—

LES ENTRETIENS DU PÈRE MOREAU.

—

PETIT CATÉCHISME RÉPUBLICAIN.

—

Se trouvent chez Garnier frères. libraires,

Palais-National , 215.